SERMAYE VARLIKLARINI FIYATLANDIRMA MODELI

Sermaye için fiyatlandırma modeli

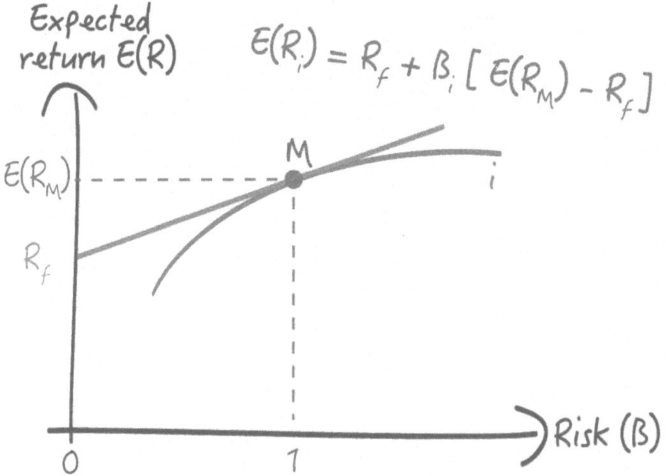

50MINUTES.com

SERMAYE VARLIKLARINI FIYATLANDIRMA MODELI

Sermaye için fiyatlandırma modeli

tarafından yazılmıştır Ariane de Saeger
tarafından çevrildi Baris Şahin

SERMAYE VARLIKLARINI FİYATLANDIRMA MODELİ

ANAHTAR BİLGİLER

- **İsimler:** Sermaye varlıklarını fiyatlandırma modeli, CAPM.

- **Kullanım Alanları:** CAPM, herhangi bir finansal varlığın karlılığını tahmin etmek için kullanılan matematiksel bir yöntemdir. Getiri tahmini, varlığın içerdiği riske göre hesaplanır.

- **Neden başarılıdır?** CAPM, finansal varlıklar için en popüler risk değerlendirme yöntemlerinden biridir. Bununla birlikte, etkinliği Richard Roll (Amerikalı ekonomist, 1939 doğumlu) gibi ekonomistler tarafından eleştirilmiştir.

- **Anahtar kelimeler:**

  - <u>Sermaye piyasası</u>: Sermaye arz ve talebi arasında bir buluşma yeri. Arz, borç almak isteyenlerin kullanımına sunulan tasarruflara (mevcut sermaye fazlası) karşılık gelir. Borç alanlar ise talebi (finansman ihtiyacını) oluşturur. Bu piyasada denge çok önemlidir.

  - <u>Finansal varlık</u>: Bir varlık, sahibine belirli bir risk karşılığında bir kazanç elde etme fırsatı veren bir menkul kıymet veya sözleşmedir. Örneğin: Zaman içinde değerinin artacağı ve satarak kar elde edebileceğim umuduyla hisse senedi (bir finansal varlık) satın alırım. Ancak, hisse değeri düşerse, satın alma işlemimden zarar ederim.

○ <u>Faiz oranı</u>: Faiz oranı paranın maliyetini temsil eder. Bu nedenle, borç alma veya yatırım yapmanın maliyetini hesaplamamı sağlar. Faiz oranı, yatırım durumunda elde edilen ücret olarak da tanımlanabilir.

○ <u>Portföy</u>: Bir kişi, bir şirket, bir banka vb. tarafından tutulan tüm devredilebilir menkul kıymetler (özellikle hisse senetleri ve tahviller).

○ <u>Getiri</u>: Yatırılan bir miktarın karlılığı. Paramı %7 faiz oranıyla yatırırsam ve bir arkadaşım aynı miktarı %4 faiz oranıyla yatırırsa, benim yatırdığım sermayenin getirisinin onunkinden daha iyi olduğunu söyleyebilirim.

○ <u>Menkul kıymetler borsası</u>: Varlıkların el değiştirmesine ve menkul kıymetlerin (hisse senetleri gibi) işlem görmesine izin veren kamu veya özel bir kurumdur. Başka bir deyişle, fiyatın arz ve talebe göre belirlendiği bir finansman ve yatırım piyasasıdır.

GİRİŞ

1950'lerde finansal piyasalar gelişti ve çeşitli ekonomik aktörlerin kapasitelerini ve fonlama gereksinimlerini dengelemek için ideal bir aracı haline geldi. Amaçları, bir dizi araçla (tasarruflar, menkul kıymet alımları, varlık alımları, vb.) ekonominin finansmanını sağlamaktı.

Bir finansal varlığın yatırımında birbiriyle yakından ilişkili iki değişken söz konusudur: getiri ve risk.

Bu iki değişkeni daha iyi tanımlayabilmek için çeşitli ekonomistler tarafından çalışmalar yürütülmüştür:

- Frank Knight (Amerikalı ekonomist, 1885-1972) 1921 yılında 'belirsizlik' ve 'risk' kavramlarını tanımlamıştır.

- Harry Markowitz'in (Amerikalı ekonomist, 1927 doğumlu) çalışmaları, 1950'de modern çeşitlendirme teorisinin başlangıcına işaret etti ve 1952'den beri modern portföy teorisi olarak biliniyor. Bu teori, bir portföyü optimize etmek için çeşitlendirmenin kullanımı üzerine finansal bir düşünce ortaya koymaktadır. Bu, mevcut CAPM'ye en çok benzeyen versiyonudur.

- Son olarak, 1960'larda ve 1970'lerin başında, Amerikalı ekonomistler William Sharpe (1934 doğumlu), John Lintner (1916-1983) ve Fischer Black (1938-1995) ve Norveçli ekonomist Jan Mossin (1936-1987), CAPM'nin ortaya çıkmasına neden olan daha önceki finansal modelleri geliştirdiler.

👁 MODELIN TANIMI

CAPM hem finansal piyasalarda hem de iş dünyasındaki finansal sorunları çözmek için kullanılır. Hesaplama modeli sistematik risk, beklenen karlılık ve faiz oranlarının ölçümüne dayanmaktadır. Başka bir deyişle CAPM, bir varlığın riskine göre getirisinin tahmin edilmesini sağlar.

TEORİ

Bu bölüm, CAPM'in tüm nüanslarının kavranmasını sağlamak amacıyla, finansal varlıkların değerlendirilmesi yöntemi hakkında tamamen teorik bir bakış açısıyla bilgi vermektedir.

BAĞLAM

Bu model, tüm finansal piyasaların geliştiği ve standartlaştığı bir dönemde geliştirilmiştir. Yatırımcılar bir finansal yatırımın risklerinin daha fazla farkında olmak istedikleri için oluşturulmuştur.

Markowitz'in katkısı

CAPM, hem varsayımlarında hem de sonuçlarında Markowitz'in modern portföy teorisini genişletmektedir. Markowitz, en iyi risk-getiri oranını elde etmek isteyen yatırımcılar için portföy çeşitlendirmesinin faydalarını vurgulamıştır.

Markowitz modelinde beş varsayıma yer vermektedir:

1. Finansal piyasalar etkindir, yani finansal varlıkların fiyat ve getirileri her zaman bu varlıklarla ilgili mevcut tüm bilgileri doğru bir şekilde sunar;

2. yatırımcılar riskten kaçınır ve bu nedenle herhangi bir ek getiri garantisi olmadan ek risk almazlar;

3. piyasalar dengelenmiştir;

4. Dengeli piyasalarda arbitraj fırsatı yoktur, çünkü varlık arzı bu varlıklara olan taleple mükemmel bir şekilde eşleşecek ve fiyat doğal olarak dengelenecektir;

5. ve son olarak, yatırımcı rasyonel seçimler yapar.

TANIMLAR

<u>Arbitraj fırsatı</u>: Bir yatırımcının varlık portföyünü beklentilerine göre değiştirme imkanı. Spesifik olarak, iki farklı piyasa, iki ürün veya iki son tarih için tersine çevrilen bir işlemdir (alım veya satım). Fırsat, alım satım anomalilerinden yararlanmayı içerir.

<u>Varlık korelasyonu</u>: Aynı yönde (pozitif korelasyon) veya ters yönde (negatif korelasyon) giden iki finansal varlık arasındaki ilişki.

Markowitz'in katkıları iki yönlüdür. Bir yandan, varlık portföylerinin çeşitlendirilmesinin avantajlarının getiriler arasındaki korelasyon eksikliğine değil, daha ziyade bunların kusurlu veya kısmi korelasyonuna dayandığı gerçeğini ortaya koymaktadır. Öte yandan, çeşitlendirmeye bağlı risk azaltımının varlıklar arasındaki korelasyon derecesi ile sınırlı olduğunu göstermektedir. Sonuç olarak Markowitz, çeşitlendirmenin karlılığı etkilemeden riski azalttığını göstermektedir.

Sermaye varlıklarını fiyatlandırma modeli ise tüm ekonomik aktörleri dikkate aldığı için kapsamı genişletmektedir.

CAPM'İN TEMEL AMACI

Daha önce de belirtildiği gibi CAPM'in amacı, yatırımcıya yatırım yapmak istediği finansal varlığın riskleri ve potansiyel karlılığı hakkında mümkün olduğunca fazla bilgi vermektir. Bilgili yatırımcı ya verimli bir riskli portföyü ya da riskli ve riskli olmayan varlıklar arasında bir dengeyi tercih eder. CAPM, varlıkların denge fiyatının belirlenmesini sağlar.

MODELİN VARSAYIMLARI

 **TANIMLAR**

Standart sapma: Merkezi bir eğilimin ana hatlarını çizmek için en yaygın kullanılan dağılım ölçüsüdür. Bu nedenle ortalamaya göre değişkenliği ölçer.

Beklenti: Bir kişinin rastgele bir deneyin parçası olarak elde etmesi muhtemel ortalama kazanç veya kaybın temsili.

- Tüm yatırımcılar Markowitz'in tanımına göre 'yatırımcı' olarak kabul edilir: her varlığı yalnızca risk/karlılık açısından değerlendirirler. Piyasada 'sürtünme' yoktur, yani işlem maliyeti, komisyon vb. yoktur.

- Sermaye kazançları ve temettüler vergilendirilmez.

- Piyasa dengelidir ve bir yatırımcı, hisse fiyatını etkilemediği sürece herhangi bir varlığı alabilir veya satabilir; bilgi şeffaftır.

- Yatırımcılar risksiz yatırımları sevmezler. Bu nedenle, elde edebilecekleri tazminata (risk primi) bağlı olarak daha yüksek veya daha düşük bir risk seviyesi seçerler.

- Yatırımcılar aynı zaman ufkuna sahiptir, bu da analizlerin bir şekilde standartlaştırılmasını sağlar.

- Yatırımcılar menkul kıymetlerin gelecekteki performansını da aynı şekilde tahmin etmektedir.

- Yatırımlar sonsuza kadar bölünebilir: hisselerin veya portföylerin kesirlerini satın almak veya satmak mümkündür.

- Yatırımcılar çeşitlendirme yoluyla riski kontrol eder.

- Yatırımcılar risksiz bir oran üzerinden herhangi bir miktarda parayı ödünç verebilir veya alabilir.

- Bir varlığın karlılığı, belirli bir ufukta beklenen kazanç kullanılarak tahmin edilir ve riski, geçmiş değişimlerinin standart sapması kullanılarak tahmin edilir. Örneğin, nispeten riskli bir hisse senedi dalgalı fiyatlar ve dolayısıyla daha yüksek bir standart sapma gösterecektir.

Farklı finansal varlıklar arasındaki korelasyonların yanı sıra beklentilerde, standart sapmalarda ve varyasyonlarda homojenlik olduğunu varsayınız.

Ayrıca, her portföy aynı tür varlıklardan oluşmaktadır. Sadece riskli ve riskli olmayan varlıkların oranı – risk yüzdesi (düşük veya yüksek) – farklıdır.

MODELİN BİLEŞENLERİ

CAPM, farklı varlıkların ve varlık portföylerinin risk-getiri oranları açısından analiz edilmesine dayanır ve her yatırımcının karşılaştığı zorluk, maksimum faydaya sahip bir portföyü hedeflemektedir. Etkin bir portföy oluşturmak için üç temel bileşen vardır:

* Farklı risk-getiri kombinasyonlarını tespit eden sermaye piyasası hattı;

* riskin maliyetini tanımlayan piyasa primi;

* beta katsayısı, bir varlığın piyasa riskine göre riskini ölçer.

Sermaye piyasası hattı (SPL)

Sermaye piyasası çizgisi finansal varlıkların risk-getiri kombinasyonlarını göstermektedir. R_f risksiz bir varlığın (örneğin devlet tahvilleri) karlılık seviyesidir, M ise piyasada gözlemlenen ve piyasa portföyü olarak da adlandırılan genel kombinasyonu ifade eder. Kombinasyonun seçimi yatırımcı profiline ve riskten kaçınma eğilimine bağlı olacaktır.

Piyasa primi ve CAPM

Yatırımcının aldığı riski karşılayacak bir piyasa primine ihtiyacı vardır. Risk ne kadar büyükse, prim o kadar yüksek ve CLM eğimi o kadar dik olur.

Beta risk göstergesi

CAPM risk düzeyini değil, varlığın ya da portföyün piyasaya kıyasla ß (beta) olarak adlandırılan göreli riskini ölçer. Başka bir deyişle beta, bir finansal varlığın fiyatındaki değişiklikler ('volatilite' olarak bilinir) ile genel olarak piyasadaki fiyat değişiklikleri arasındaki ilişkidir. Bu, bir varlığın fiyatının piyasayı temsil eden hisse senedi endeksine göre duyarlılığı veya esnekliğidir. Beta değeri 1'e ne kadar yakınsa, varlığın o kadar az oynak olduğu kabul edilir.

Dolayısıyla bir finansal varlığın risk primi, beta katsayısının genel piyasa riski ile çarpımına eşittir.

CAPM, bir i varlığının veya bir portföyün risk primi ile piyasa risk priminin söz konusu varlığın beta değeri ile çarpımına eşittir.

Risksiz faiz oranı, varlığın betası ve piyasa primi bilindiği sürece i varlığı için beklenen getiri ($E(R_i)$) hesaplanabilir. Tersine, getiri biliniyorsa, risk de hesaplanabilir.

AVANTAJLAR

BILIYOR MUYDUNUZ?

İskonto oranı, şimdiki zaman ile gelecek zaman arasındaki süre ne kadar uzun olursa şimdiki değerin o kadar azalacağını dikkate alarak gelecekteki bir değerin şimdiki değere dönüştürülmesini sağlayan orandır.

CAPM çeşitli avantajlar sunmaktadır:

- söz konusu varlıklar için farklı getirilerin hesaplanmasını sağlar;

- riski hesaplayarak ekonomik ve finansal karar vermeyi kolaylaştırır;

- Modelin kullanımı, ekonometrik açıdan daha az doğru olmasına rağmen, arbitraj fiyatlandırma teorisinden daha basittir;

- model için iki faydalı uygulama vardır:

  - fon yöneticilerinin performansının ölçülmesi;

  - Bir şirketin gelecekteki gelirini değerlendirmek için uygun iskonto oranının hesaplanması.

SONUÇ

Bu nedenle, genel olarak rasyonel bir yatırımcının maksimum verimlilik ve sınırlı risk sağlamak için çeşitlendirilmiş bir finansal varlık portföyünü (riskli ve riskli olmayan varlıklar) tercih etmesi anlaşılabilir bir durumdur.

Etkinliğini değerlendirmek zor olsa da CAPM, kullanıcıların yönetimin çalışmalarını ve piyasa gerçeklerini karşılaştırmasına olanak tanıyan ve ayrıca bir işletmenin gelecekteki gelirini hesaplamak için uygun iskonto oranını gösteren bir performans ölçüm aracı olmaya devam etmektedir.

SINIRLAMALAR VE GENİŞLETMELER

SINIRLAMALAR VE ELEŞTİRİLER

CAPM'in sınırlamaları çok sayıdadır ve eleştiriler çoğunlukla yapılan ön varsayımlarla ilgilidir.

- **Betanın istikrarsızlığı.** Hatırlatmak gerekirse beta, bir varlığın veya portföyün piyasanın geri kalanına kıyasla göreceli riskidir. Bu istikrarsızlık, bir varlığın riskinin değişken olmasından ve dolayısıyla her an değişime tabi olmasından kaynaklanır. Örneğin, t zamanında bir finansal varlık satın aldığımı ve bu yatırımla aldığım x riskini hesapladığımı düşünün. Bu noktada, $t + 1$ zamanında söz konusu varlığın x riskinin dış etkenler (kriz gibi) nedeniyle değişmeyeceğinin garantisi yoktur. Bu kusurun üstesinden gelmek için yönetici genellikle bireysel riski kısmen azaltmak amacıyla tüm betaları dikkate alır.

- **Portföy çeşitlendirmesinin sınırı.** Bir portföyü tamamen çeşitlendirmek mümkün değildir: yatırımcılar kısmi korelasyonu hedeflemeden önce (çeşitlendirmenin riski azaltması durumunda) bir dizi çeşitlendirilmiş finansal varlık satın almalıdır. Buna ek olarak, korelasyonu azaltılmış bir portföy, değişen ekonomik, sosyal ve politik bağlam nedeniyle korelasyona girebilir.

- Tahmin bağlamında **pratik uygulamanın zorluğu.**

- **Gerçekçi olmayan varsayımlar.** Yatırım yapılacak risksiz oranlar hakkında kesin bir fikre sahip olmak neredeyse imkansızdır; finansal varlıklar arasında tek tip vergilendirme yoktur, oysa işlem maliyetleri çok gerçektir, vb.

- **CAPM çalışmalarının piyasa portföy seçimlerine bağımlılığı.** Bu bağımlılık ekonomist Richard Roll tarafından detaylandırılmıştır.

ZAYIFLIKLAR VE ELEŞTİRİLER

Daha geniş bir ölçekte, eleştirmenler CAPM'in göreceli verimliliğine meydan okumaktadır.

Bu nedenle Roll, modelin etkinliğini test etmenin mümkün olup olmadığını sorgulamaktadır: ona göre, modeli doğrulamak için piyasa portföyünün etkinliğini ölçebilmemiz gerekir ki bunun imkansız olduğunu düşünmektedir. Portföyün sadece tüm hisseleri değil aynı zamanda tahvilleri, gayrimenkulleri ve değerli metalleri de içermesi nedeniyle kesin olarak ölçülemeyeceğini ve CAPM'e etkin bir şekilde entegre edilemeyeceğini savunmaktadır.

İLGİLİ MODELLER VE UZANTILAR

CAPM yalnızca değişken riski ölçmek için bir araç olan betanın değerlendirilmesine dayanırken, diğer modeller finansal riskin belirlenmesine de olanak tanıyan alternatif yöntemler sunmaktadır.

Arbitraj fiyatlandırma teorisi (APT)

CAPM'de gözlemlenen betaların oynaklığı göz önüne alındığında, 1976 yılında Stephen Alan Ross (Amerikalı ekonomist, 1944 doğumlu) arbitraj teorisine dayanan alternatif bir model sunmuştur.

Ona göre, karlılığı etkileyen çeşitli ekonomik faktörler vardır:

- Bir yandan, birkaç varlığın karlılığını aynı anda etkileyen genel faktörler;

- Öte yandan, bir varlığa özgü olan ve yalnızca o varlığın karlılığını etkileyen faktörler.

Arbitraj teorisi ayrıca, farklı varlıklara özgü faktörlerin genel faktörlerden bağımsız olduğunu ve birbirlerinden de bağımsız olduğunu iddia eder.

Arbitraj ilkesi, farklı faktörlere karşı aynı duyarlılığa sahip iki varlığın aynı beklenen getiriye sahip olmaması durumunda ortaya çıkar. Arbitraj fırsatı yoksa, yani aynı beklenen getiriye sahiplerse, varlığın piyasa riski, tüm yatırımları etkileyen spesifik olmayan piyasa faktörlerine ilişkin betalar kullanılarak hesaplanmalıdır.

APT, CAPM'den daha genel olarak uygulanmaktadır. Ancak, temel zayıflığı varlıkları etkileyen faktörlerin kaynağı ve seçiminde yatmaktadır.

Çok faktörlü model

Çok faktörlü model, APT'nin eksikliğinin, yani riski etkileyebilecek belirli ekonomik faktörlerin tanımlanmasının üstesinden gelmeye çalışır. Piyasa riski yatırımların çoğunu (hepsini olmasa da) etkilediğinden, makroekonomik faktörlerden kaynaklanmaktadır. Bu nedenle model, piyasa riskini herhangi bir varlığın makroekonomik faktörlere maruz kalma riski olarak tanımlamaktadır. Bu model için, riskin hesaplanmasında temel, makroekonomik faktörlere göre varlığın betasıdır.

Fama-French üç faktör modeli veya temsili değişken modeli

 **TANIMLAR**

<u>Piyasa değeri (MC)</u>: Bir işletmenin büyüklüğünün yanı sıra çalışan sayısı veya ciro gibi diğer kriterlerin de ölçülmesini sağlayan değerlendirme oranı. Birkaç milyar poundu temsil eden büyük MC, küçük MC'den ayrılır.

<u>Defter-piyasa oranı</u>: Varlığın değerinin düşük mü yoksa yüksek mi olduğunu belirlemek için kullanılan araç. Oran 1'den büyükse, varlık düşük değerlidir. Öte yandan, 1'den küçükse aşırı değerlidir. Bu oran, Amerikalı ekonomistler Eugene Francis Fama (1939 doğumlu, 2013 yılında Nobel Ekonomi Bilimleri Anma Ödülü sahibi) ve Kenneth Ronald French (1954 doğumlu) tarafından bir şirketin beklentilerinin doğrudan bir göstergesi olarak belirlenmiştir.

Bu model 1990'ların başında Amerikalı ekonomistler Eugene Francis Fama ve Kenneth Ronald French tarafından geliştirilmiştir ve getirinin birden fazla faktörden etkilendiğini ifade eden çok faktörlü modelden ilham almaktadır. Fama-French modeli, getiriyi etkileyen iki faktörün varlığını vurgulamaktadır:

- **Şirketin büyüklüğü.** Fama ve French bir şirketin büyüklüğünü piyasa değerini (MC) kullanarak ölçmektedir. Özellikle, daha riskli ve daha yüksek sermaye maliyetine sahip olduğu düşünülen küçük MC şirketlerinin varlıklarının, büyük MC şirketlerine kıyasla yüksek bir ortalama getiriye sahip olduğunu belirtmektedirler. Sonuç olarak, küçük MC şirketlerinin menkul kıymetleri, CAPM tarafından öngörülenden daha yüksek olan risksiz varlıklara kıyasla fazla getiriye sahiptir.

- Piyasa değeri gibi, piyasa tarafından nispeten düşük tahmin edilen daha **yüksek defter-piyasa oranına sahip hisseler** daha risklidir ve daha yüksek sermaye maliyetine sahiptir. Ancak, bu hisseler genellikle en yüksek getiriye sahip olanlardır.

Fama ve French, MC ve defter-piyasa oranını karşılaştırarak, defter-piyasa oranının MC'den istatistiksel olarak daha alakalı olduğunu ve varlıklar üzerinde güçlü bir etkiye sahip olan önemli bir faktör olduğunu bulmuşlardır. Ayrıca, uzun vadede, defter-piyasa oranı ile getiri arasındaki ilişkinin MV ile getiri arasındaki ilişkiden çok daha güçlü ve istikrarlı olduğunu fark etmişlerdir.

Sonuç olarak, CAPM modelinde dikkate alınamayan düşük piyasa değeri ve yüksek defter değeri olan şirketlere karlı yatırımlar yapılmaktadır.

PRATİK UYGULAMA

Bu bölümde, CAPM uygulanırken izlenecek adımlar ve sorulacak sorular hakkında bilgi verilmektedir. Ayrıca hata yapmaktan kaçınmak için faydalı tavsiyeler de sunmaktadır.

TAVSİYELER VE EN İYİ UYGULAMALAR

Bir yatırımın riskinin tanımlanması

İlk adım, bir yatırımın riskini tanımlamaktır. Bu risk, beklenen gelire göre gerçek karlılığın varyansı kullanılarak ölçülebilir. Daha sonra varlığın risk seviyesi gözlemlenebilir: risk yok, düşük risk veya yüksek risk.

Ödenen ve ödenmeyen riskler arasında ayrım yapmak

Risk seviyesi belirlendikten sonra, ödenen ve ödenmeyen riskler arasında ayrım yapmak gerekir. Her bir varlığın iki tür riski vardır: 'iş riski' veya 'doğal risk' olarak adlandırılan bir yatırıma özgü risk ve 'piyasa riski' olarak adlandırılan tüm yatırımların genel riski.

* Çeşitlendirilmiş bir portföyde spesifik risk, spesifik riskli yatırımın portföyün sadece küçük bir parçası olması ve örneğin daha az riskli spesifik bir varlıkla dengelenmesi halinde kontrol edilebilir. Daha sonra, tek bir portföydeki farklı spesifik risk yatırımlarını ifade eden 'orta risk'ten bahsediyoruz.

- Tüm yatırımları etkileyen **piyasa riski,** genel olarak piyasadaki tüm finansal varlıkları kapsadığı için kontrol edilemez. Bu riskin arkasında iki faktör vardır: ekonomik dünyadaki genel gelişmeler – vergilendirmeden fiyatlandırma politikasına kadar – ve yatırımcıların bu potansiyel gelişmeler hakkında nasıl hissettikleri.

Genellikle çeşitlendirilmiş bir portföye sahip olduğundan emin olan bilgili yatırımcı, piyasa değişiklikleriyle ilgili riskler için telafi edilmeyecektir.

Piyasa riskinin ölçülmesi

Yatırımcı bu riski hesaplamak için CAPM, APT, çok faktörlü model ve yukarıda özetlenen French-Fama modeli dahil olmak üzere farklı yöntemler kullanabilir. Yapılan varsayımlara bağlı olarak piyasa riski farklı şekilde algılanır ve hesaplanır.

CAPM, bireysel varlıkların ve portföylerin risk-getiri oranına göre değerlendirildiği ve her yatırımcının amacının en verimli portföyü aramak olduğu gerçeğine dayanmaktadır. Bu üç adımda gerçekleştirilebilir.

1. Yatırımcı 'etkin sınırı', yani belirli bir ortalama getiri için riski en aza indiren portföyler topluluğunu belirlemelidir. Bu portföyler topluluğuna etkin küme adı verilir ve şemsiye şeklinin içindeki alanla temsil edilir. Aşağıda, x noktasının rasyonel olmadığını görüyoruz, çünkü aynı risk seviyesi için, daha yüksek getirinin bir kombinasyonu vardır, e.

Yatırılan tutarların toplamı 1'e eşit olmalıdır. Korelasyon katsayısı ne kadar zayıfsa, risk o kadar azalır: kayıtsızlık eğrisi o zaman sola doğru hareket eder.

Farksızlık eğrisi, tüketiciye veya yatırımcıya aynı düzeyde tatmin sağlayan iki malın veya iki faktörün kombinasyonları kümesidir. Y ekseni, $E(R)$, beklenen getiriye karşılık gelirken, X ekseni risk seviyesine karşılık gelir. Her bir eğri yatırımcıya aynı tatmini sağladığından, farklı bir risk-getiri kombinasyonu için ve belirli bir kayıtsızlık eğrisi ne olursa olsun, yatırımcı belirli bir risk için en yüksek getiriye sahip portföyü seçecektir.

2. Riske karşı tutumlarına (kayıtsızlık eğrisi) bağlı olarak, yatırımcı 'kendi' optimal portföyünü seçer. Bu, kayıtsızlık eğrisi ile etkin sınır arasındaki teğet noktaya karşılık gelir. Eğer risksiz bir varlık düşünürlerse, yatırımcı varlıklarının bir kısmını riskli varlıkların etkin sınırındaki daha riskli portföylerden birine, diğer bir kısmını da risksiz bir varlığa yatırabilecektir.

3. Bu riski matematiksel olarak ölçmek için yatırımcının kavramın teorik tanımında belirtilen formülü kullanması gerekir:

4. Ayrıca, günümüzde finansal varlıkların değerlendirmelerinin bilgisayarlar tarafından yapıldığı yaygın bir bilgidir.

TAVSİYELER

Modelin gerekli varsayımları ve varyantları

CAPM uygulanırken, modelin her zaman gerçekçi olmadığının farkında olmak önemlidir: mevcut durum göz önüne alındığında, model tarafından yapılan varsayımlar nadiren geçerlidir. Bu nedenle risk-getiri oranının hesaplanması daha geniş varsayımlara ve varyantlara genişletilmelidir. Aşağıda gözlemlenen çelişkilere bazı örnekler verilmiştir:

- Model, pazar portföyünde sadece borsada işlem gören menkul kıymetleri dikkate almaktadır. Piyasa portföyü ekonomideki mevcut tüm yatırım fırsatları ile tanımlanmalıdır ve bu nedenle çok daha geniştir.

- CAPM, mevcut bağlamda uygulanması zor olan varsayımlarda bulunmaktadır. Bu nedenle teorik modelin çevremizdeki gerçekliğe uyarlanması gerekir ki bu da onu genellikle daha az ilgili ve daha karmaşık hale getirir.

- Sıfır beta veya risk yok. Risksiz bir oran üzerinden borçlanmak genellikle imkansızdır. Gerçekten risksiz bir varlığın var olduğunu varsayamazsınız. CAPM bu gerçeğe uyacak şekilde uyarlanmalıdır.

- CAPM ayrıca vergi, işlem maliyeti vb. olmadığını varsayar. Yatırımcılar vergiye (temettüler ve satıştaki sermaye kazançları dahil) ve işlem maliyetlerine tabi olduğundan bu varsayım yeniden gözden geçirilmelidir. Tüm bu ek maliyetler hesaba katılırsa, yatırımcılar daha az hisse satın alarak portföylerinin büyüklüğünü sınırlama eğiliminde olacaklardır.

Modeldeki varsayımların ve varyantların birçok uzantısı vardır. Özellikle, Kantitatif Finansal Ekonomi adlı kitabının 3. bölümünde: Keith Cuthbertson, Hisse Senetleri, Tahviller ve Döviz kitabının 3. bölümünde CAPM'in nüanslarını ve bunların matematiksel uygulamalarını sunmakta ve geliştirmektedir.

Son olarak, yatırımcının veya yatırım yapan şirketin riski azaltmak için riskin ölçülmesinde önemli bir parametre olan 'çeşitlendirme' faktörünü göz önünde bulundurması tavsiye edilir. Ayrıca, risksiz getiri diye bir şey olmadığı için dikkatli olunmalıdır! Genel olarak, portföy çeşitlendirmesi yatırımcıları korumanın ve riski sınırlandırmanın en iyi yollarından biridir.

Stoklar

Portföydeki varlık sayısındaki artış, doğrusal bir gelişme olmasa da, riskin azalmasıyla ilişkilidir. Çeşitlendirmenin etkileri başlangıçta önemlidir, ancak belirli bir noktadan sonra hisse sayısıyla ilgili maliyetler (işlemler, sabit maliyetler, vb.) artarken bunlar azalır. Ayrıca, maksimum çeşitlendirme hisse senedi getirilerinin değişkenliğini azaltır. Örneğin, değişkenlik %70 oranında azaltılırsa, kalan %30'luk kısım 'sistematik' riski oluşturur çünkü çeşitlendirme yoluyla riski tamamen ortadan kaldırmak mümkün değildir (bkz. piyasa riski).

 # AKTIF VE PASIF YÖNETIM

Aktif yönetim genellikle daha yüksek bir beklenen getiri için piyasa riskinden daha yüksek bir risk sunar.

Pasif yönetim, biraz daha düşük bir beklenen getiri için piyasa riskine eşdeğer bir riski garanti eder.

Çeşitlendirme farklı seviyelerde yapılabilir:

- farklı bölgelerde (Avrupa, ABD, Japonya, gelişmekte olan ülkeler, vb.)

- faaliyet sektörleri düzeyinde

- şirket büyüklüğüne göre

- yönetim tarzına göre (aktif, pasif, vb.)

Hisselere ek olarak, yatırım fonları, sanat eserleri gibi diğer varlıkları hesaba katmadan tahvil, nakit ve altın gibi diğer örnekleri de ele alabiliriz.

- **Tahviller** genellikle hisse senetlerinden daha düşük getiri sunar, ancak risk sınırlıdır.

- **Nakit veya tasarruflar,** 2008 yılında değerinin yaklaşık %95'ini kaybeden Fortis hisseleri gibi istisnalar dışında, çoğunlukla hisse senetlerinden daha düşük getiri sağlar, ancak tahvillerle aynı büyüklüktedir.

- **Altın,** diğer varlıklara kıyasla daha düşük bir ortalama getiri için yüksek bir risk ile karakterize edilir.

ÖRNEK OLAY İNCELEMESİ

Bağlam

Varlık yönetimi bağlamında, bir yönetici müşterinin hedefini en iyi şekilde karşılamak için tanımlar. Uzman, yatırımcının tüm durumunu analiz eder – aile, iş, kazanç ve mülk. Bu analiz, daha spesifik ihtiyaçları belirlemelerine olanak tanır.

 **VARLIK YÖNETIMI – NEDEN?**

Servet yönetimi, özel mülkiyetin (taşınır mal, gayrimenkul, nakit vb.) kullanımını optimize etmek amacıyla değerlendirildiği bir süreçtir. Bir kişinin çok sayıda mülkü varsa, bunlar nispeten yüksek vergilere tabi olacaktır. Servet yönetimi, bu varlıkların kullanımını optimize ederek maliyetleri en aza indirme eğilimindedir.

CAPM modeline göre bu yatırımcı-müşteri için en verimli portföy hangisidir?

Sorun, varlık yöneticisinin muhatap olduğu yatırımcı türüne bağlı olarak verimli bir portföyün değerlendirilmesi ve belirlenmesinde yatmaktadır.

👁 YATIRIMCI TÜRLERI

Bankalar ve finans kurumları genellikle dört tür yatırımcı arasında ayrım yapar:

Risk alan, geleceğe güvenle bakan ve performans arayışında olan yatırımcı;

İleriye dönük yatırımcı, hem gelecekten emin hem de risk alma konusunda isteksizdir;

harcayan (tüketici);

Gelecek hakkında karamsar olan ve risk almakta isteksiz olan yatırımcı.

İlk olarak, yönetici birkaç piyasa parametresi belirlemelidir:

- **Referans piyasa portföyünün seçimi.** Piyasalarda temsili bir dizi varlığı bir araya getiren çeşitli hisse senedi endeksleri bulunmaktadır. Bunlar arasında Fransa'daki en büyük 40 piyasa kapitalizasyonunu içeren CAC 40 ve Amerika'daki S&P 500 yer almaktadır.

- **Risksiz varlık seçimi.** Devlet tahvillerini veya hayat sigortası ürünlerini sınırlı riske sahip varlıklar olarak düşünebiliriz. Risk sınırlı olsa da – ve bu nedenle hiçbir zaman tamamen sıfır olmasa da – getiri belirsiz ve değişkendir.

- **Müşteri portföyü seçimi.** CAPM, piyasadaki tüm finansal varlıkların doğru değerlendirildiğini varsayar: her birinin belirli bir riski ve beklenen getirisi vardır. Yönetici, varlıkların getirisi ile riskler arasındaki kaçınılmaz ilişkinin farkında olan yatırımcıyla birlikte müşterinin beklentilerine en yakın portföyü seçer. Dolayısıyla, müşteri için portföy içeriğinin seçimi doğrudan piyasa portföyüne maruz kalma katsayısı ile ilişkili olacaktır. Bu maruz kalma katsayısı (beta), hisse senedi endeksi tarafından aktarılan finansal bilgiler aracılığıyla kolayca elde edilebilir. Beta belirlendikten sonra, yatırımcının gereksinimlerini karşılayacak bir strateji oluşturmak faydalı olacaktır.

- **Model varyantları: beta, volatilite ve portföy performansı.** CAPM parametrelerinin hesaplanması farklı şekillerde yapılabilir:

  - Epizodik etkilere dayalı önceki tarihsel verilerin kullanılması. Ancak bu dikkatli olmayı gerektirir: geçmiş verilerdeki değişiklikler genellikle belirli dönemlere (örneğin kriz dönemleri) bağlı olduğundan, tam bir nesnellik sağlamazlar.

  - Halihazırda mevcut olan ve çeşitli platformlarda kullanılan finansal veriler aracılığıyla. Yine, bazı analizler öznel ve önyargılı olabileceğinden dikkatli olmak önemlidir.

  - Son olarak, kurumsal raporlar ve ekonomik tahminler aracılığıyla.

Genel olarak yönetici, yatırımcının portföyüne daha fazla risk eklemekten kaçınmak için en eksiksiz ve dolayısıyla en güvenilir bilgiyi arar. Modelin değişkenleri belirlendikten sonra CAPM, yatırımcının finansal kaynaklarının mümkün olan en iyi dağılımını belirlerken, getiri, risk ve varlık türleri açısından isteklerine saygı gösterir.

Portföy simülasyonu

Farklı sektörlerde, farklı önemdeki şirketler tarafından ihraç edilen ve farklı coğrafi pazarlara yatırım yapan varlıklardan oluşan nispeten çeşitlendirilmiş bir portföy hayal edin.

Bu portföy 15 Alman devlet tahvili, 20 Belfius hissesi, 8 Kamboçya tarım kooperatifi hissesi ve 10 Amerikan gayrimenkul hissesinden oluşmaktadır.

Korelasyon seviyesini bilmek önemlidir çünkü portföyün çok riskli olup olmadığını (katsayı 1'e yakın; pozitif korelasyon) veya olmadığını (katsayı 0'a yakın; negatif korelasyon) anlamamızı sağlar. Ayrıca, performans katsayısı risk kontrol düzeyi ve dolayısıyla varlıkların göreceli güvenliği hakkında bilgi verir. Bu performans, ekonomist William Sharpe'ın oranı kullanılarak hesaplanır, böylece herhangi bir olumsuz sonuç portföyden çıkarılır.

Performans analizi iki boyut içerebilir:

- grafiksel bir boyut

- portföy değeri ve portföyü oluşturan varlıkların değeri ile ifade edilen matematiksel bir boyut.

Portföyümüz söz konusu olduğunda, benimsenen çeşitlendirmenin iyi olduğunu ancak özellikle daha az ilişkili varlıklar seçilerek geliştirilebileceğini görebiliriz.

Sonuç

CAPM, piyasa hareketlerinin ve belirli varlıkların riske maruziyetinin basit bir şekilde analiz edilmesini sağlar. Ancak, modelin uzantıları olmadan çok az işe yarar ya da hiç işe yaramaz ve verimsizdir. Örneğin Sharpe oranı, günümüzdeki gibi karmaşık bir ortamda varlıkların performansını ölçmek için önemli bir araçtır.

ÖZET

- CAPM, herhangi bir finansal varlığın beklenen getirisinin hesaplanmasını sağlayan matematiksel bir yöntemdir.

- Model 1950'lerde, finansal piyasaların geliştiği ve standartlaştığı bir dönemde, yatırımcıların finansal varlıklarının karlılığını sağlamak için daha fazla bilgi ve güvence istemesiyle ortaya çıkmıştır.

- Teorisyenler:

  - Frank Knight 1921 yılında belirsizlik ve risk kavramlarını tanımlamıştır;

  - 1950 yılında Harry Markowitz'in çalışmaları, modern çeşitlendirme ve portföy teorisinin başlangıcını oluşturmuştur;

  - Son olarak, 1964'ten itibaren William Sharpe, John Lintner, Jan Mossin ve Fischer Black gibi ekonomistler mevcut finansal modelleri geliştirerek CAPM'in oluşturulmasını sağlamışlardır.

- Modeli uygularken aşağıdakileri yapmak çok önemlidir:

  - portföylerin etkin sınırını belirler;

  - Belirli bir karlılık seviyesini korurken sistematik riski en aza indirmek için varlık portföyünü çeşitlendirerek optimum portföyü belirlemek.

  - portföyün riskini ve karlılığını ölçer.

- Model yalnızca eksik bilgi ve işlem maliyeti olmadığında kullanışlıdır. Bu nedenle optimal çeşitlendirilmiş portföy tüm yatırımcılar için aynıdır.

- Bu modelin temel sınırlamaları, yapılan varsayımların uygulanamazlığı ve beta değerinin istikrarsızlığıdır.

- Üç model CAPM'nin uzantılarıdır: APT (arbitraj fiyatlandırma teorisi), çok faktörlü model ve Fama-French üç faktörlü model.

DAHA FAZLA OKUMA

KAYNAKÇA

Baudot, J.-Y. (Tarih yok) Le MÉDAF. *JYBaudot.fr.* [Çevrimiçi]. [Erişim tarihi 26 Haziran 2014]. Şu adresten erişilebilir: < http://www.jybaudot.fr/Bourse/medaf.html>

Broquet, C., Cobbaut, R., Gillet, R. ve van den Berg, A. (2004) *Gestion de portefeuille.* Brüksel: De Boeck.

Damodaran, A. (2006) *İşletme Finansmanı. Théorie et pratique.* Brüksel: De Boeck.

Desquilbet, J. -B. (Tarih yok) Le MÉDAF. Aktif finansçıların değerlendirme modeli. *Université d'Artois.* [Çevrimiçi]. [Erişim tarihi 26 Haziran 2014]. Şu adresten erişilebilir: <http://jb.desquilbet.pagesperso-orange.fr/docs/A_M2thfi_2_MEDAF.pdf>

Gaga, O. ve Tarib, A. (Tarih yok) Le Modèle d'Équilibre des Actifs Financiers. Cas d'ITISSALAT AL-MAGHRIB. *Scribd.* [Çevrimiçi]. [Erişim tarihi: 26 Haziran 2014]. Erişim adresi: < http://fr.scribd.com/doc/24407264/Modele-d-equilibre-des-actifs-financiers-MEDAF-CAPM>

Limaiem, I. (2009) Les facteurs du modèle Fama et French : cas du marché des actions canadiennes. *Université du Québec à Montréal.* [Çevrimiçi]. [Erişim tarihi: 8 Temmuz 2014]. Erişim adresi: < http://www.archipel.uqam.ca/2202/1/M10858.pdf>

Moisson, J.-C. (Tarih yok) *Méthodes et principes de gestion de portefeuille benchmarkée.* [Çevrimiçi]. [Erişim tarihi 26 Haziran 2014]. Şu adresten erişilebilir: <http://www.bm.

com.tn/ckeditor/files/gestion_de_portefeuille_bench.
pdf>

Ngoma, F. (2009) Évaluation des actifs financiers par le
MÉDAF. Ekonomi modellerine göre risk-rendement ilişki-
sinin ampirik olarak doğrulanması. *Mémoire Online.*
[Çevrimiçi]. [Erişim tarihi 26 Haziran 2014]. Erişim adresi:
<http://www.memoireonline.com/07/10/3749/Evaluation-
des-actifs-financiers-par-le-MEDAF-validation-empiri-
que-de-la-relation-risque-rendement-.html>

Statistics Canada (Tarih yok) *Varyans ve standart sapma.*
[Çevrimiçi]. [Erişim tarihi 26 Haziran 2014]. Erişim adresi:
<   http://www.statcan.gc.ca/edu/power-pouvoir/ch12/
5214891-eng.htm>

EK KAYNAKLAR

Back, K.E. (2010) *Varlık Fiyatlandırma ve Portföy Seçimi Teorisi
(Finansal Yönetim Derneği Araştırması ve Sentezi).* New York:
Oxford University Press USA.

Capinski, M.J. ve Kopp, E. (2014) *Portföy Teorisi ve Risk Yönetimi
(Mastering Mathematical Finance).* Cambridge: Cambridge
Üniversitesi Yayınları.

Cuthbertson, K. ve Nitzsche, D. (2004) *Kantitatif Finansal
Ekonomi: Hisse Senetleri, Tahviller ve Döviz.* [2. baskı]. Batı
Sussex: John Wiley & Sons.

Levy, H. (2011) *21. Yüzyılda Sermaye Varlıkları Fiyatlandırma
Modeli: Analitik, Ampirik ve Davranışsal Perspektifler.* New
York: Cambridge Üniversitesi Yayınları.

Sizden haber almak istiyoruz!
Çevrimiçi kütüphaneniz hakkında yorum bırakın
ve favori kitaplarınızı sosyal medyada paylaşın!

Yayıncı, yayınlanan bilgilerin güvenilirliğini garanti eder, ancak sorumluluğunu üstlenemez.

Ana ISBN : 9782808600712
Kağıt ISBN : 9782808602167
Yasal depozito: D/2022/12603/217

Dijital tasarım: Primento, yayıncıların dijital ortağı.